Para: Rose y Samuel

De: Las Aspirantes

Marinua
Paola
Rosa
Anny
Pricila
Patricia
Mafer
Rosalia

Gracias
por todo

Rose

Cuidate mucho
y no
te olvidoes de nosotras

TE KEREMOS MUCHO

Dirección de arte: Trini Vergara
Diseño: María Inés Linares
Imágenes © Stone
Edición: Lidia María Riba

© 1996 by V & R Editoras
www.libroregalo.com

ARGENTINA: Demaría 4412 (C1425AEB), Buenos Aires
Tel/Fax: (54-11) 4778-9444 y rotativas
e-mail: editoras@libroregalo.com

MÉXICO: Avda. Tamaulipas 145, Colonia Hipódromo
Condesa, Delegación Cuhautémoc, México D. F. (C.P. 06170)
Tel/Fax: (5255) 5211-5714 / 5211-5415
e-mail: editoras@vergarariba.com.mx

ISBN 987-95816-2-8

Impreso en China por AVA Book Production Pte Ltd, Singapore
Printed in China

Lucille Deschamps
La maravilla de la amistad.
1ª ed. 2ª reimp
Buenos Aires: V & R, 2005
48 p.; 18 x 13 cm.

ISBN 987-95816-2-8

1. Libro de Frases.
I. Título
CDD 808.882

La maravilla de la amistad

V&R
EDITORAS

La amistad
es un lugar
muy especial

*L*a amistad es un alma que habita
en dos cuerpos, un corazón que palpita en
dos almas.

Aristóteles

*E*n la amistad, vemos sólo aquellos defectos
que pueden herir a nuestro amigo.
En el amor, damos importancia a los que
nos hieren a nosotros.

Jean de La Bruyère

*N*o existe desierto como vivir sin amigos:
la amistad multiplica los bienes y reparte
los males; es remedio único contra la adversa
fortuna y un desahogo del alma.

Baltasar Gracián

amistad

*L*a amistad es maravillosa
porque es libre:
no espera nada, lo da todo
y se la encuentra sin buscarla.

María Doval

Cultivo una rosa blanca
en junio como en enero
para el amigo sincero
que me da su mano franca

y para el cruel que me arranca
el corazón con que vivo
cardo ni ortiga cultivo,
cultivo la rosa blanca.

José Martí

*El destino nos da los hermanos,
pero el corazón elige los amigos.*

*L*leva ligera la barca de la vida
y provéela solamente de las cosas
que te sean necesarias: placeres
simples e íntimos, uno o dos
amigos dignos de ese nombre,
alguien que te ame y a quien tú
ames, un gato, un perro, una pipa
(o dos). No olvides suficientes
provisiones para nutrirte
y vestirte y un poco más que lo
necesario para saciar tu sed...

Jerome K. Jerome

*L*eales son los golpes
de un amigo; traidores,
los besos de un enemigo.

Proverbios 27, 6

*U*n verdadero amigo se ríe de tus chistes
aunque no sean muy buenos y comparte
tus problemas aunque no sean muy serios.

Lucy Larcom

*L*a amistad es como el oro legítimo porque
cuanto más se usa, más reluce,
mientras que el oro falso se opaca pronto.

Manuela Casal

*Q*uienes cuentan con amigos afectuosos
son más saludables y más felices que quienes
no los tienen. Un amigo es un tesoro más valioso
que el oro y las piedras preciosas.
El dinero puede comprar muchas cosas
buenas y malas, pero toda la riqueza
del mundo no puede comprarte un amigo
ni compensarte por la pérdida de uno.

G. D. Prentice

El amor necesita algo de ceguera;
la amistad, mucho de conocimiento.

Conde de Bussy-Rabutin

Un amigo es un regalo
que te haces a ti mismo.

Robert Louis Stevenson

El espíritu olvida todos los sufrimientos cuando
la tristeza tiene compañía y amistad que la consuele.

William Shakespeare

*C*ompartir el gusto por las mismas cosas (y también el disgusto por otras): ésa es la verdadera amistad.

Salustio

*U*n amigo que sufre solo lastima al otro.

Jean de Rotrou

No hará un verdadero amigo quien jamás
ha hecho un enemigo.

Alfred Tennyson

Mientras amemos, nuestra vida tiene
un sentido; mientras seamos amados por alguien,
casi diría que somos indispensables:
ningún hombre es inútil mientras tenga un amigo.

Robert Louis Stevenson

¿Cuál es la amistad verdadera? Aquella que me
acompaña en mis alegrías, me consuela
en mis tristezas y mira con indulgencia mis errores.

Josefina Abal

De todos los dones celestiales
por los que ruegan los hombres
mortales, ¿cuál será comparable
con un amigo?

Nicholas Grimald

Soñé un sueño en el que vi
una ciudad invencible frente
al ataque de todo el resto
de la tierra. Soñé con la nueva
ciudad de la Amistad.

Walt Whitman

dones

Amigos de hoy
y amigos
de siempre...

*H*ay personas a las que reconocemos de inmediato como amigos; uno se siente a salvo en su compañía porque sabe que jamás, jamás estará en peligro con ellos.

Graham Greene

*E*l recuerdo de una amistad de la escuela tiene cierta fuerza mágica y conmueve el corazón.

Benjamin Disraeli

Mi viejo abrigo y yo vivimos juntos muy cómodamente. Él ha adoptado todas mis arrugas, no me molesta en ninguna parte, se ha amoldado a mis deformidades, es complaciente con todos mis movimientos y sólo siento su presencia porque me mantiene caliente. Los viejos abrigos y los viejos amigos son iguales.

Víctor Hugo

Bendito el hombre que contempla el rostro de un amigo en un país lejano; la oscuridad de su corazón se desvanece como en un amanecer; vuelve el sonido de una dulce melodía tiempo atrás oída y ya casi olvidada..., se parece al regreso de los pájaros al bosque cuando el invierno ha terminado.

Henry Van Dyke

mundo

*L*os años traen lo mejor de cuatro cosas:
la madera estacionada para quemar,
el vino añejo para beber,
los antiguos amigos para confiar
y los autores clásicos para leer.

Francis Bacon

*P*orque la memoria ha pintado este día perfecto
con colores que jamás se borrarán y porque encontramos,
al final de este día perfecto, el alma de un nuevo amigo.

Carrie Jacobs Bond

nuevo

*N*uestro mejor espejo es un viejo amigo.

George Herbert

*C*ada amigo representa
un mundo dentro de nosotros,
un mundo que no podría nacer
si él no hubiera llegado.
En ese único encuentro
nace un mundo nuevo.

Anaïs Nin

Un amigo fiel no tiene precio
ni existe medida
para pesar su valor.

Eclesiastés 6, 15

El tiempo, que muchas veces
debilita el amor,
casi siempre fortalece la amistad.

Jean de la Bruyère

Somos todos viajeros en este
mundo inhóspito y lo mejor
que podemos encontrar
en nuestro viaje es un amigo fiel.

Robert Louis Stevenson

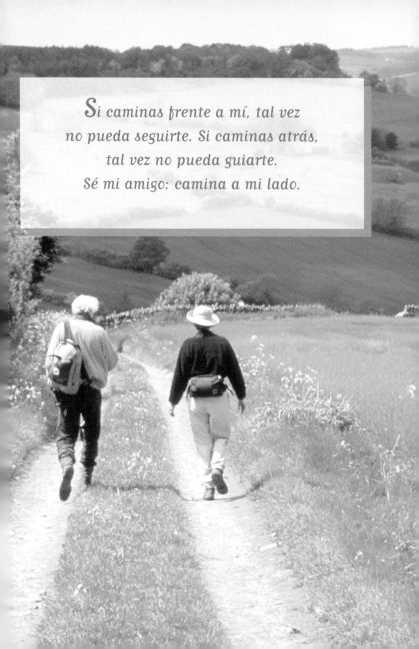

Si caminas frente a mí, tal vez
no pueda seguirte. Si caminas atrás,
tal vez no pueda guiarte.
Sé mi amigo: camina a mi lado.

La amistad
es una planta
delicada

$\mathcal{E}$s una flor la amistad
que nace rápida y crece
y el jardín embellece
con su cáliz seductor,
pero pierde la fragancia
y muere de languidez
si le falta alguna vez
el riego de la constancia.

María Martínez

*N*o te apresures en hacer amigos, pero sé
constante en retenerlos cuando los hayas hecho.

Juan Luis Vives

*S*i juzgas a la gente, no tendrás
tiempo de amarla.

Madre Teresa de Calcuta

*E*s prudente verter
sobre el mecanismo de la amistad
el aceite de la cortesía.

Colette

*L*a amistad sólo se compra con amistad. Un hombre puede tener autoridad sobre otros, pero nunca poseerá sus corazones a no ser que entregue el suyo.

Thomas Wilson

*D*e los negocios, como sabes,
se puede obtener dinero.
Pero con la amistad
raramente ocurre lo mismo.

Jane Austen

Alguien dijo que la amistad es como una llave de cristal: abre las puertas de la compañía y cierra las de la soledad. Pero si esa llave de cristal se rompe, nadie podrá arreglarla.

María Doval

*M*uy poco das cuando das lo que posees.
Pero mucho entregas cuando
te entregas a ti mismo.

Khalil Gibran

*H*ay hombres –decía Sócrates– que ponen todo
su empeño en cultivar árboles para recoger sus
frutos y se ocupan con pereza y despreocupación
del bien más preciado: ese que llamamos amigo.

Jenofonte

No trates de intervenir en una discusión
entre dos de tus amigos. Casi seguramente uno
de ellos dejará de serlo.

San Agustín

La sagrada pasión de la amistad
es tan dulce, firme y leal que durará
a través de toda una vida. Siempre que no pidas
dinero prestado a tu amigo.

Mark Twain

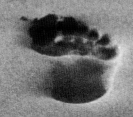

*N*o permitas que crezca la hierba
en el camino de la amistad.

Platón

*D*ejar que una amistad muera
por negligencia o por silencio es una locura
comparable a arrojar lejos uno de los
mayores tesoros de este cansador peregrinaje.

Samuel Johnson

*E*l amor de la amistad debe ser gratuito.
No ames a un amigo por lo que pueda
darte. Si lo amas porque te ofrece dinero
u otro bien temporal, amas su regalo y no
a él. Un amigo debe ser amado libremente,
por sí mismo y nada más.

San Agustín

lealtad

La amistad
es compartir
momentos

*L*os amigos nos conocen en los tiempos de la abundancia.
Nosotros los conocemos en las dificultades.

Anthony Collins

*F*eliz es la casa que recibe a un amigo.

Ralph W. Emerson

¿*H*ay algo más agradable en este mundo
que sentarse con tres o cuatro amigos delante
de una mesa bien servida, en el antiguo comedor
de los padres y... sumergir la cuchara en una buena
sopa y pasar los platos diciendo: Degusten esto,
amigos míos, y denme su opinión?

Erckmann Chatrian

*L*a amistad nos beneficia siempre.
El amor, a veces, nos causa daño.

Séneca

*L*os pequeños amigos suelen ser grandes amigos.

Esopo

*L*os instantes más plenos que mi corazón recuerda
son aquellos en los que se ha derramado,
sin temor, sobre mis personas amadas.

Thomas Jefferson

*E*n los momentos felices mi amigo
acude únicamente si lo llamo;
pero, en los tristes, viene
sin que se lo pida.

Demetrio

*D*esde siempre supe que seríamos amigos:
no sólo porque podemos hablar de todo,
sino porque sabemos callar juntos.

Manuela Casal

*I*maginemos que un hombre pudiera subir al cielo
y mirar todo el universo desde allí...
Su admiración por la belleza no sería completa si no
tuviera un amigo con quien compartir su placer.

Cicerón

*U*na mujer puede convertirse en amiga de un hombre
sólo de esta forma: primero, será una conocida, luego,
una amante y únicamente entonces, una amiga.

Anton Chéjov

*L*as personas solitarias conocen la plena alegría de
la amistad. Los demás tienen a su familia; pero, para
el solitario y para el exiliado sus amigos significan todo.

Willa Sibert Cather

Si amamos a Dios como un servidor ama a su amo, Él nos amará como Señor. Pero si lo amamos como a un amigo, podrá contarnos sus secretos: éstos son sólo para los amigos.

Santa Catalina de Siena

La amistad no puede inventarse. Nace naturalmente de la comunión de pensamientos, de la vivencias compartidas, surge espontáneamente, no por decisión propia.

Fedor Dostoievsky

*E*l profeta le dijo al joven: "Que lo mejor de ti sea para tu amigo. Puesto que él conoce tu bajamar, deja que también conozca tu pleamar. Y no lo busques para matar las horas, sino para vivir las horas. Porque su papel es llenar tus necesidades, pero no tu vacío. Y que en la dulzura de la amistad haya risas y placeres compartidos. Porque en el rocío de las pequeñeces el corazón encuentra su mañana y se refresca."

Khalil Gibran

Otros libros para regalar

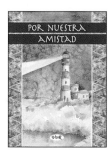

**POR NUESTRA
AMISTAD**

**SEAMOS SIEMPRE
AMIGAS**

**LA MAGIA
DE LA AMISTAD**

**UN REGALO
PARA MI MADRE**

**POR QUÉ
TE QUIERO**

**PARA EL HOMBRE
DE MI VIDA**

¡Tu opinión nos interesa!

Escríbenos un e-mail a **miopinion@libroregalo.com**
con el título de este libro en el "Asunto".
Entre todos los e-mails recibidos cada mes sortearemos
dos libros de esta colección. Los nombres de los ganadores
aparecerán en nuestra página web:
www.libroregalo.com